PROJETO PENSAMENTO, AÇÃO E INTELIGÊNCIA

Marian Baqués

Assessoria pedagógica e adaptação
Marisa Rodrigues de Freitas

1º ao 5º
Indicado
Educação Infantil

© Escola Pia de Catalunha
© Editorial Cruïlla
© Edições SM

Coordenação editorial	Fátima Senante e Maria Esther Nejm
Coordenação de arte e de produção editorial	Alysson Ribeiro
Edição de texto	Ana Paula Figueiredo e Rita Narciso Kawamata
Assistência editorial	Penelope Brito
Revisão	Equipe Edições SM
Edição de arte	Sidnei Moura
Projeto gráfico	Josep Rosell
Capa	Estúdio Cruïlla e Equipe Edições SM
Ilustrações	Juanjo Sáez, Domper e Avelino Guedes
Iconografia	Jordi Soler
Produção industrial	Alexander Maeda
Editoração eletrônica	AM Produções
Impressão	Forma Certa Gráfica Digital

Dados Internacionais de Catalogação na Publicação (CIP)
(Câmara Brasileira do Livro, SP, Brasil)

Baqués, Marian
  Projeto Pensamento, Ação e Inteligência / Marian Baqués ; assessoria pedagógica e adaptação Marisa Rodrigues de Freitas ; [tradução Antonio Efro Feltrin e Thiago Mori]. – São Paulo : Edições SM, 2006. – (Projeto PAI ; 1)

Título original: Proyecto de Activación de la Inteligencia
"1º ao 5º ano. Indicado também para a educação infantil 3"
Obra em 5 v.
Inclui guia didático.
Bibliografia.
ISBN 978-85-7675-060-4 (aluno)
ISBN 978-85-7675-061-1 (professor)

1. Aprendizagem - Habilidade 2. Aprendizagem - Metodologia
3. Educação baseada na competência 4. Ensino fundamental
5. Projeto Pensamento, Ação e Inteligência (Projeto PAI)
I. Freitas, Marisa Rodrigues de. II. Título. III. Série.

06-5421   CDD-372.011

Índices para catálogo sistemático:
1. Projeto PAI : Desenvolvimento de competências : Ensino fundamental 372.011
2. Projeto PAI : Desenvolvimento de habilidades : Ensino fundamental 372.3011

1ª edição, 2005
19 impressão, Setembro 2024

Todos os direitos reservados
Edições SM Ltda.
Rua Tenente Lycurgo Lopes da Cruz, 55
Água Branca 05036-120 São Paulo SP
Tel. (11) 2111-7400
www.edicoessm.com.br

O **Projeto Pensamento, Ação e Inteligência (Projeto PAI)** tem o propósito de ser um núcleo dinamizador da ação educativa.

Os objetivos do **Projeto PAI** são:
- trabalhar as habilidades e competências que estão na base da aprendizagem;
- trabalhar uma metodologia que favoreça a autoaprendizagem por parte do aluno, introduzindo-o no processo de aprender a aprender.

Com relação ao primeiro objetivo, o **Projeto PAI** promove uma atitude de melhora da percepção e da atenção, atua na consciência dos processos da memória, do pensamento e da linguagem, trabalha a estruturação do espaço e do tempo, a psicomotricidade e a expressão artística, e propicia momentos de reflexão sobre si mesmo.

O segundo objetivo é alcançado pela mediação verbal, pelo diálogo. O educador é o mediador. São levados em conta os aspectos metacognitivos, a fim de que o aluno seja protagonista da sua própria aprendizagem: aprender a aprender. Nesse sentido, o esquema metodológico da página 4 tem finalidade orientativa.

O **Projeto PAI** não seria o **Projeto PAI** sem esses objetivos. Ao desenvolvê-lo em classe com a orientação necessária do **Guia Didático**, o professor potencializará ambos os objetivos, logrando a efetiva realização do Projeto. A leitura do Guia e a assimilação do seu conteúdo mudarão, temos certeza, muitos horizontes educativos.

COMPETÊNCIA ESPECIALMENTE TRABALHADA		NÍVEIS						
CÓDIGO	NOME	SÉRIE	PÁGINA	SÉRIE	PÁGINA	SÉRIE	PÁGINA	SÉRIE	PÁGINA
	PERCEPÇÃO	1a	8	1b	25	1c	50	1d	75
		2a	10	2b	27	2c	59	2d	80
		3a	15	3b	42	3c	63	3d	86
		4a	32	4b	45	4c	66	4d	88
		5a	36	5b	47	5c	71	5d	91
	ATENÇÃO	1a	7	1b	20	1c	62	1d	81
	MEMÓRIA	1a	9	1b	34	1c	54	1d	67
		2a	28	2b	44	2c	58	2d	78
	PENSAMENTO	1a	6	1b	26	1c	49	1d	70
		2a	13	2b	38	2c	60	2d	74
		3a	21	3b	43	3c	68	3d	87
		4a	31	4b	51	4c	82	4d	89

COMPETÊNCIA ESPECIALMENTE TRABALHADA		NÍVEIS						
CÓDIGO	NOME	SÉRIE	PÁGINA	SÉRIE	PÁGINA	SÉRIE	PÁGINA	SÉRIE	PÁGINA
	ESTRUTURAÇÃO ESPACIAL	1a 2a 3a	12 17 30	1b 2b 3b	24 37 46	1c 2c 3c	53 55 57	1d 2d 3d	64 77 85
	VIVÊNCIA DO TEMPO	1a	19	1b	39	1c	76	1d	92
	PSICOMOTRICIDADE ESPECÍFICA	1a 2a	5 18	1b 1b	22 40	1c 1c	48 56	1d 1d	73 84
	EXPRESSÃO ARTÍSTICA	1a	16	1b	35	1c	72	1d	90
	CONHECIMENTO DE SI MESMO	1a 2a 3a	11 14 23	1b 2b 3b	29 33 41	1c 2c 3c	52 61 65	1d 2d 3d	69 79 83

FASES METODOLÓGICAS PARA A REALIZAÇÃO DAS ATIVIDADES

PREPARAÇÃO

O professor, só ou em grupo

- Assimila:
  - **O QUE** deve ser feito? (primeiro objetivo)
  - **COMO** fazer? (segundo objetivo)
- Prepara a aula.

PREPARAÇÃO DA ATIVIDADE

O aluno, com a mediação do professor

- **O QUE** tenho de fazer nesta atividade?
- **COMO** devo fazer esta atividade?
  - Planeja mentalmente o que deve ser feito.

EXECUÇÃO DA ATIVIDADE

O aluno, só ou com seus colegas

- Realiza **O QUE** deve fazer, tal **COMO** planejou.

REFLEXÃO SOBRE A ATIVIDADE

O aluno, com a mediação do professor e/ou dos colegas

- Fiz **O QUE** a atividade pedia?
- **COMO** foi que fiz?
  - Qual foi a estratégia proposta?
  - O diálogo se encaminha:
    - para a estratégia que se deseja ressaltar
    - para uma frase síntese
- Faz-se a transferência para outros contextos.

AVALIAÇÃO

O professor, só ou em grupo

- Avalia a sessão de trabalho:
  - Reúne a informação sobre **O QUE** foi realizado e **COMO** foi realizado.
  - Analisa essas informações.
- Toma as decisões adequadas.

Pinte os carros, continuando a sequência iniciada.

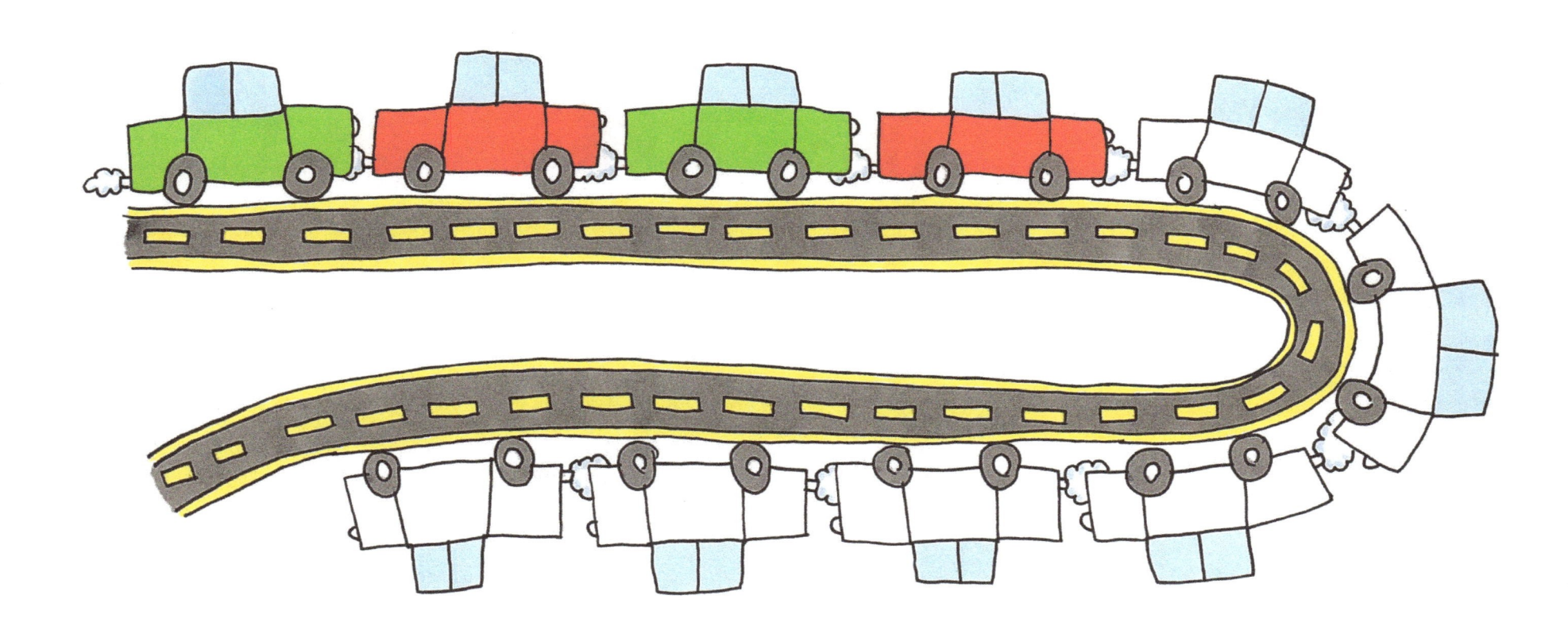

Em cada fileira, circule o animal que não deve fazer parte do grupo.

Marque, no quadro da direita, os brinquedos que não aparecem no quadro da esquerda.

Pinte todos os animais que aparecem na cena.

Circule de vermelho o que é duro e de verde o que é macio.

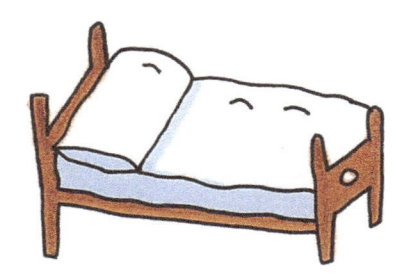

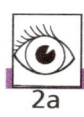

Pinte cada sapo da mesma cor do sapo que está do outro lado do seu caminho.

Observe as crianças. Depois converse com seus colegas sobre o que elas estão sentindo.

Ligue os desenhos que mostram a borboleta na mesma posição.

Ligue os elementos ou situações de cada coluna que têm relação entre si.

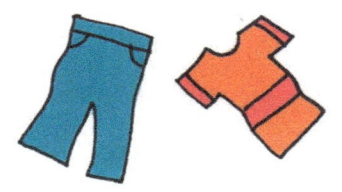

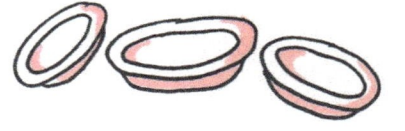

Observe a história. Depois comente-a com seus colegas.

A BORRACHA FICOU TRISTE

Marque as bolas que são iguais ao modelo.

Pinte a cauda de cada pavão de um jeito diferente.

Circule os desenhos que são iguais ao modelo.

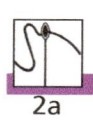

Trace o caminho que o ciclista deve percorrer até a chegada. Siga as setas.

■ Observe as duas cenas. Converse com seus colegas sobre o que ficou diferente na cena 2.

Marque, no quadro da direita, os objetos que não aparecem no quadro da esquerda.

Recorte os quadros correspondentes da página 93. Cole-os em seus lugares.

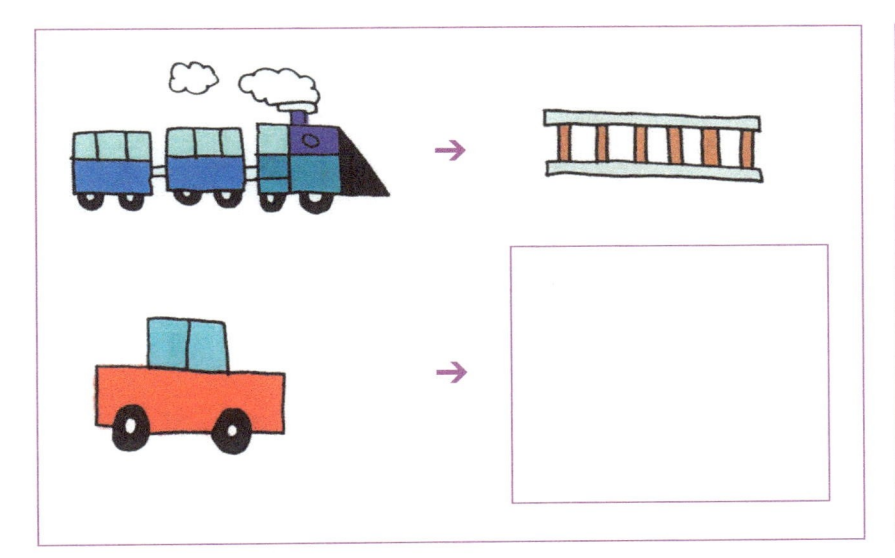

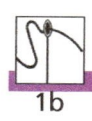

Pinte os vagões, continuando a sequência iniciada.

Observe as duas situações. Depois comente-as com seus colegas.

Ligue os desenhos que mostram o rato na mesma posição.

Pinte os elementos que estão voando entre as nuvens.

Em cada fileira, circule o objeto que não deve fazer parte do grupo.

Pinte cada pássaro da mesma cor do pássaro que está do outro lado do seu caminho.

Observe o desenho por alguns minutos. Em seguida, dobre a folha para escondê-lo e desenhe-o no quadro da direita.

Observe as crianças. Depois converse com seus colegas sobre o que elas estão sentindo.

Observe a tabela. Nos quadros abaixo, desenhe a figura que está no cruzamento da coluna e da linha indicadas.

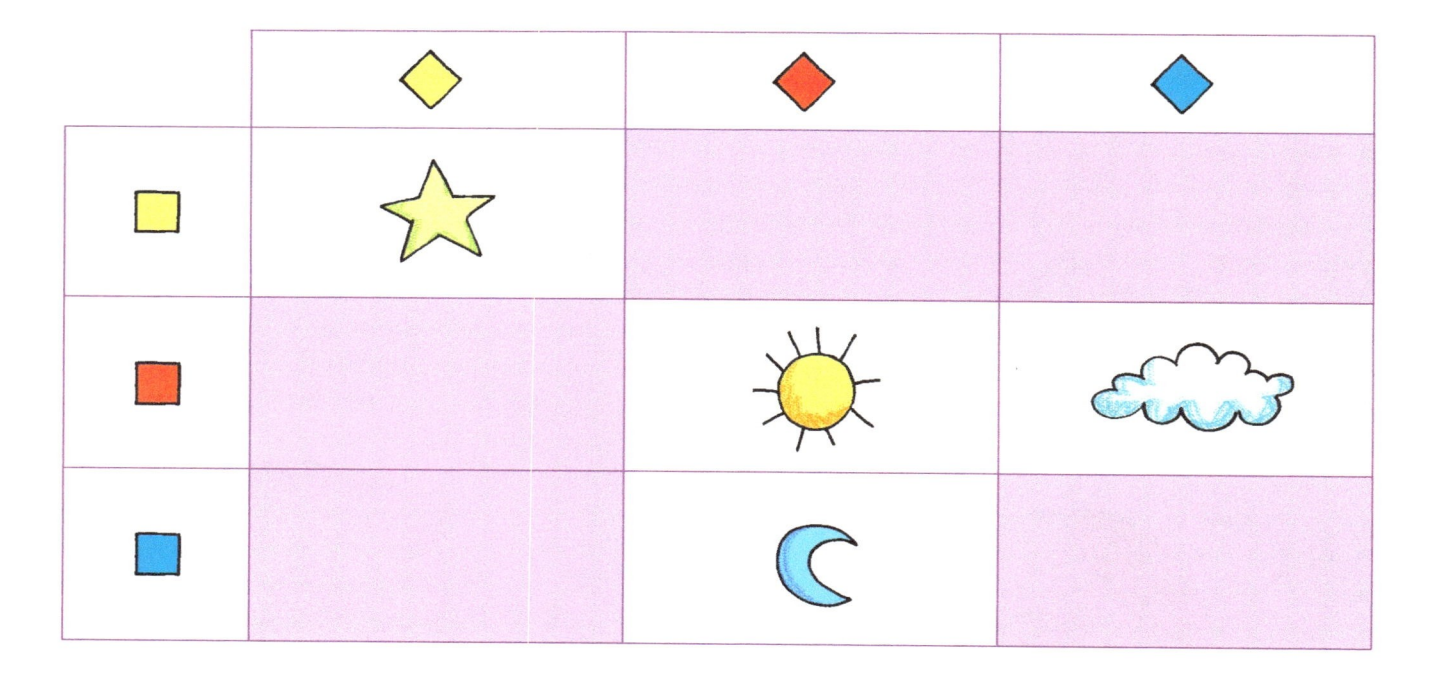

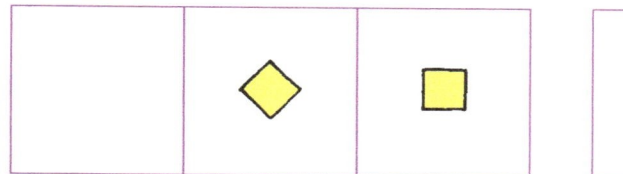

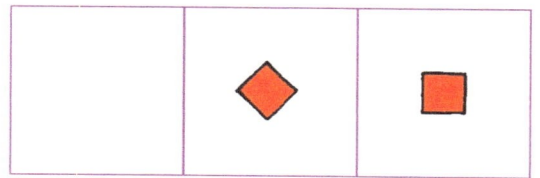

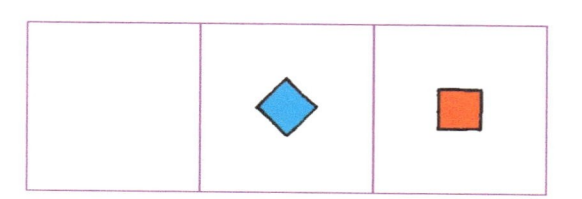

Pinte a camiseta dos meninos que não estão usando bermuda verde.

Pinte os quadros de acordo com o modelo.

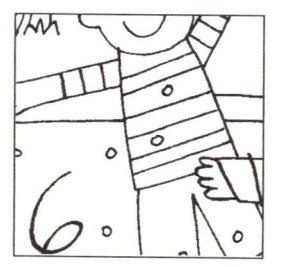

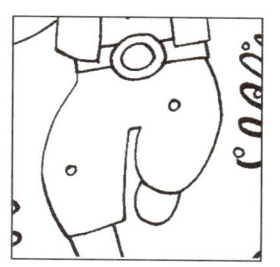

Observe a história. Depois comente-a com seus colegas.

O GIZ FICOU ENVERGONHADO

Circule de amarelo o que tem cheiro bom e de vermelho o que tem cheiro ruim.

Pinte cada paraquedas de um jeito diferente.

Siga as instruções de cada quadro.

Pinte de uma cor diferente cada parte da figura.

Numere cada parte da figura.

Pinte da mesma cor toda a figura.

Recorte as partes correspondentes da página 95. Monte a figura e cole-a aqui.

Circule os desenhos que são iguais ao modelo.

Ligue os elementos de cada coluna que têm relação entre si.

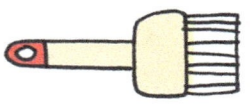

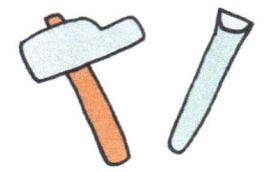

Observe as duas cenas. Converse com seus colegas sobre o que ficou diferente na cena 2.

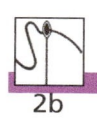

Trace o caminho que o remador deve percorrer até a chegada. Siga as setas.

◼ Observe as duas situações. Depois comente-as com seus colegas.

Marque os peixes que são iguais ao modelo.

Recorte os quadros correspondentes da página 93. Cole-os em seus lugares.

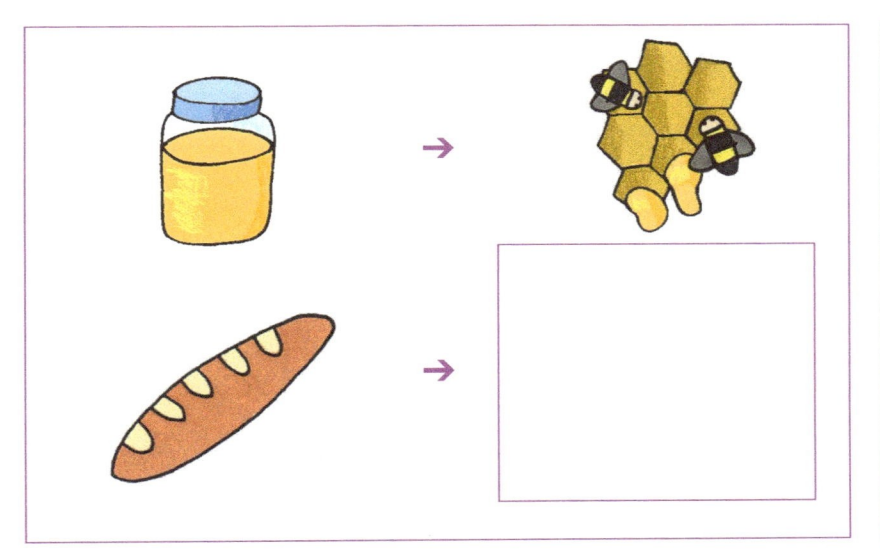

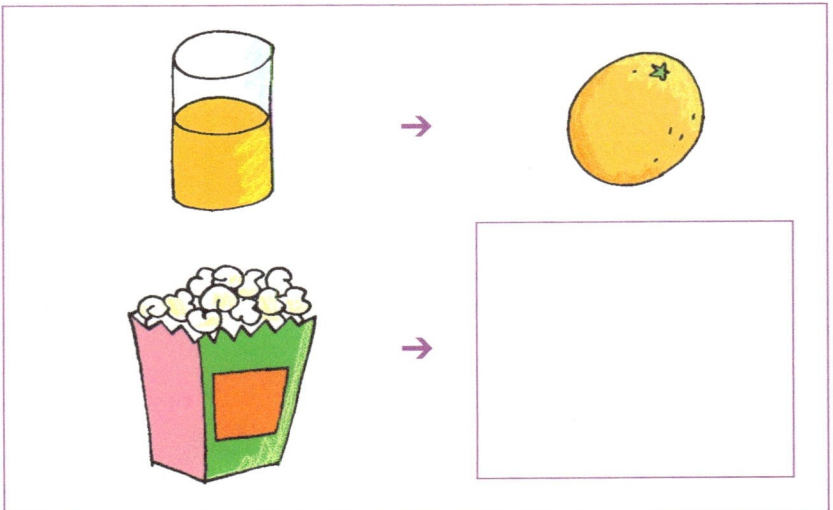

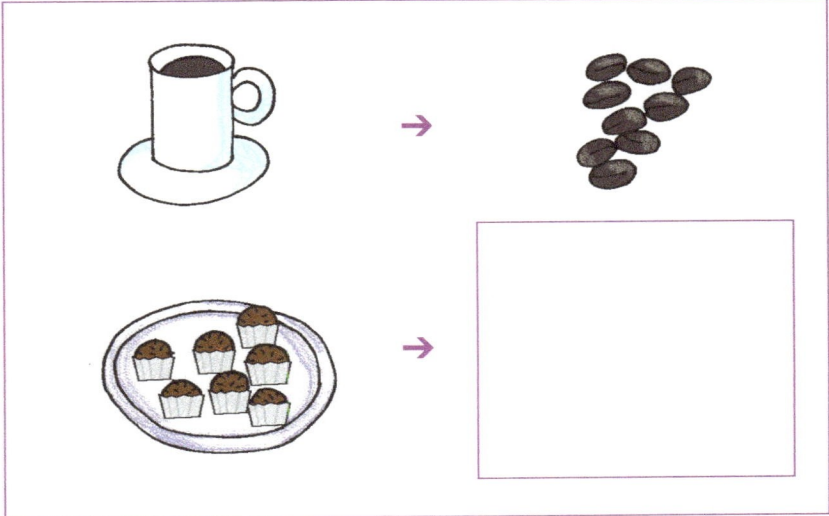

Observe o desenho por alguns minutos. Em seguida, dobre a folha para escondê-lo e desenhe-o no quadro da direita.

Pinte os quadros de acordo com o modelo.

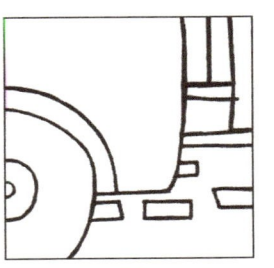

Observe a tabela. Nos quadros abaixo, desenhe a figura que está no cruzamento da coluna e da linha indicadas.

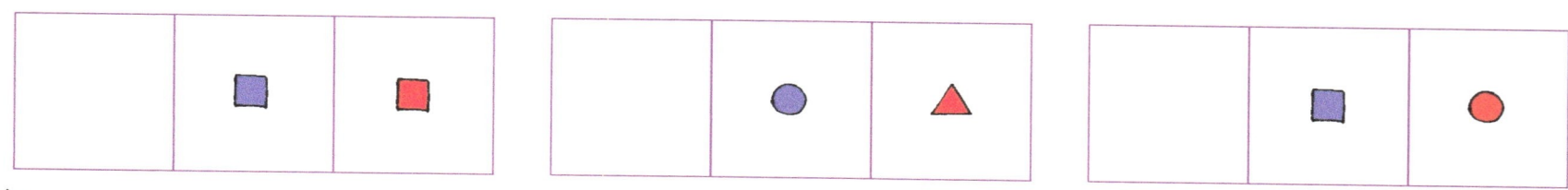

Siga as instruções de cada quadro.

Pinte de uma cor diferente cada parte da figura.

Numere cada parte da figura.

Pinte da mesma cor toda a figura.

Recorte as partes correspondentes da página 95. Monte a figura e cole-a aqui.

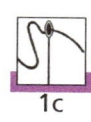

Pinte as malas, continuando a sequência iniciada.

Em cada fileira, circule o elemento que não deve fazer parte do grupo.

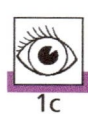

Pinte todos os veículos que aparecem na cena.

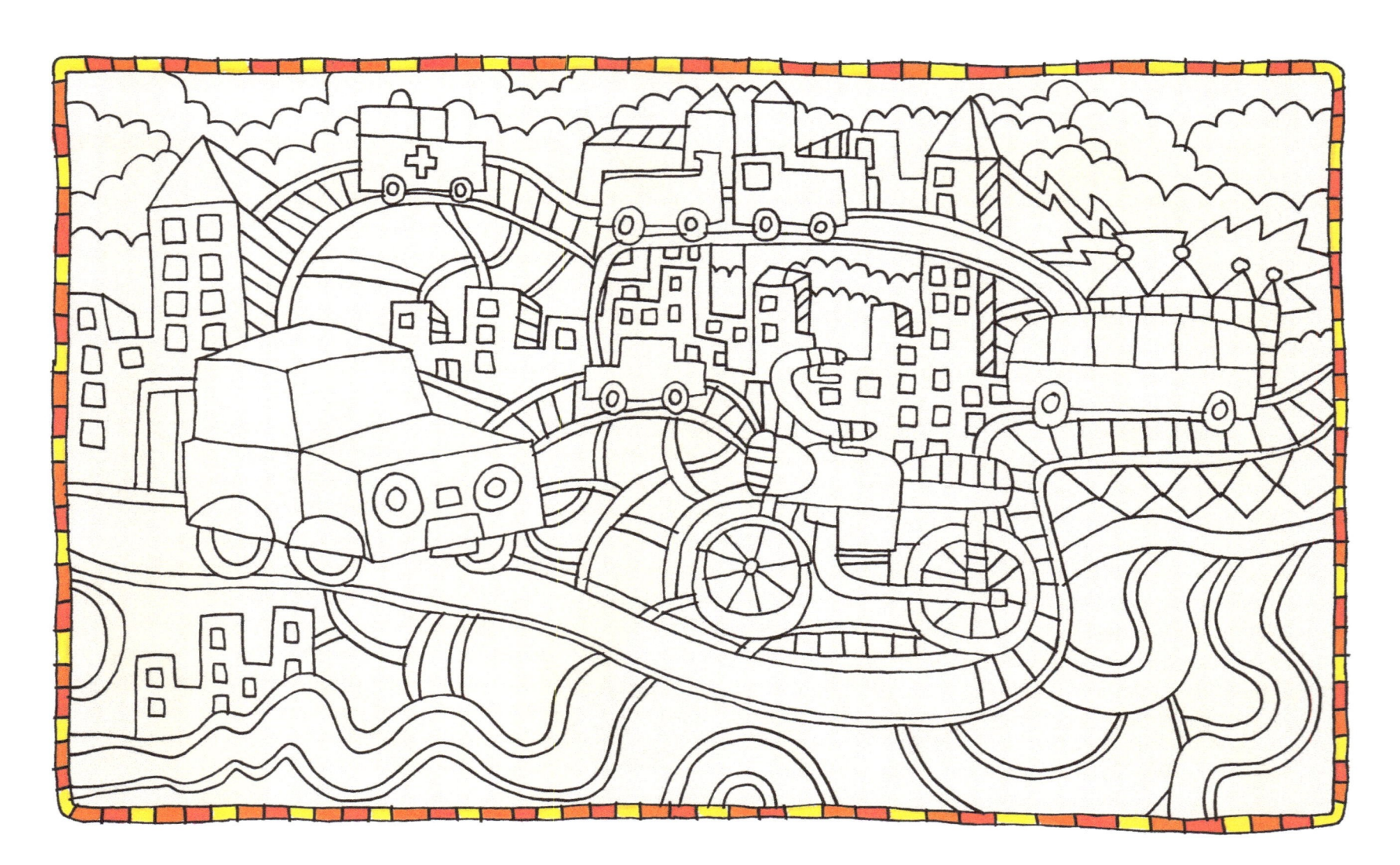

Pinte o cabelo das pessoas que não estão usando sapatos vermelhos.

Observe as crianças. Depois converse com seus colegas sobre o que elas estão sentindo.

Ligue os desenhos que mostram a estrela na mesma posição.

Circule de laranja o que faz barulho e de verde o que não faz.

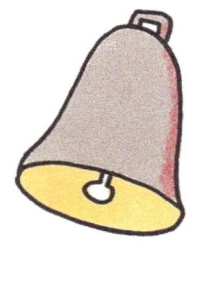

Circule os desenhos que são iguais ao modelo.

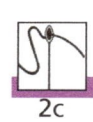

Trace o caminho que o ET deve percorrer até a chegada. Siga as setas.

Observe a tabela. Nos quadros abaixo, desenhe a figura que está no cruzamento da coluna e da linha indicadas.

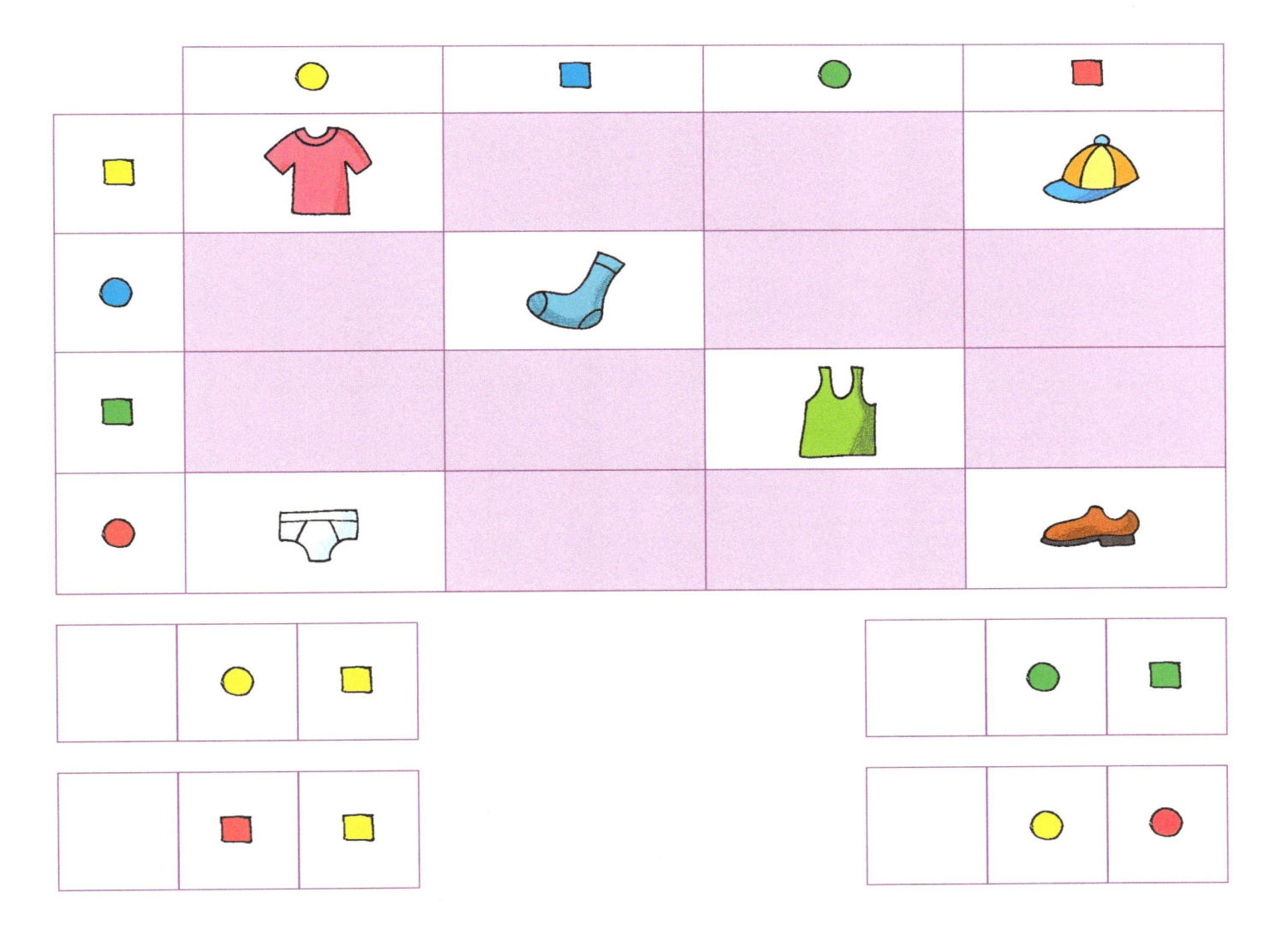

Observe o desenho por alguns minutos. Em seguida, dobre a folha para escondê-lo e desenhe-o no quadro da direita.

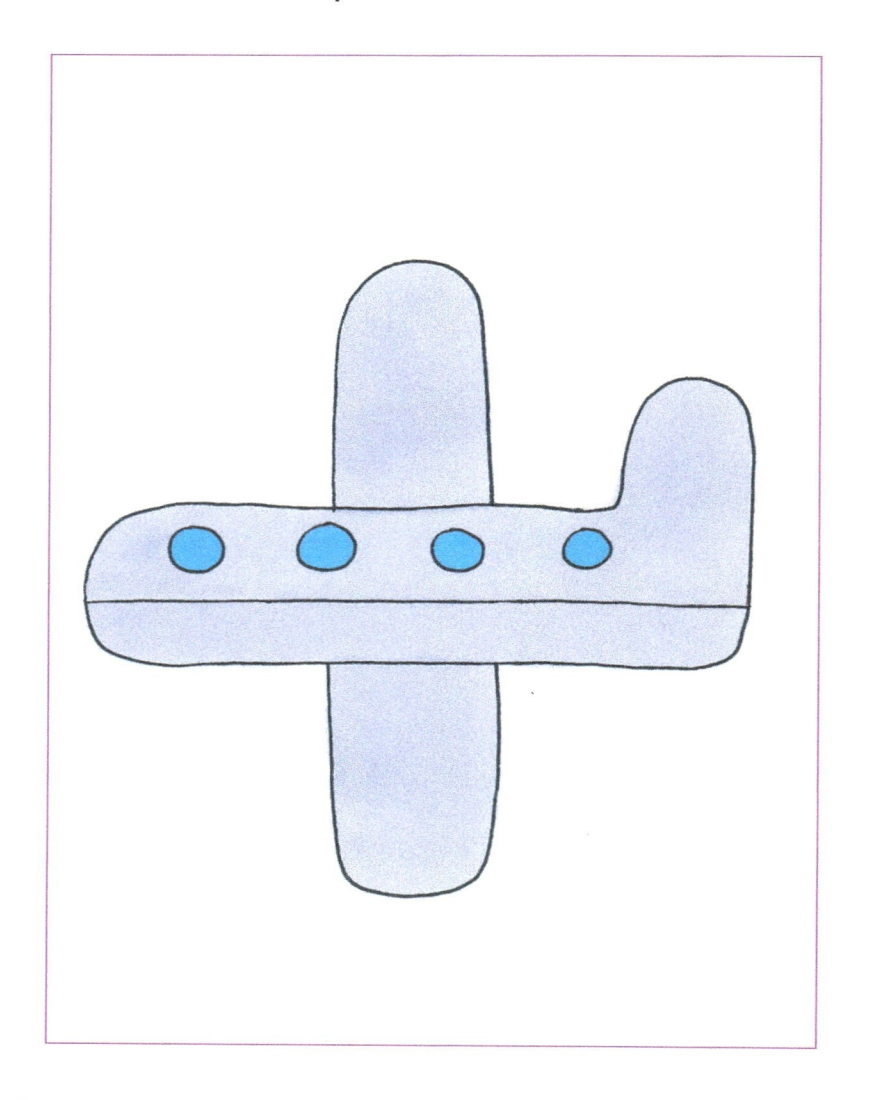

Pinte cada borboleta da mesma cor da borboleta que está do outro lado do seu caminho.

Ligue os elementos ou situações de cada coluna que têm relação entre si.

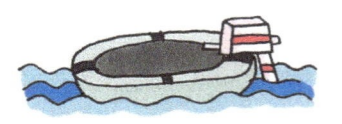

Observe a história. Depois comente-a com seus colegas.

O LÁPIS FICOU COM CIÚME

Marque, no quadro da direita, os elementos que não aparecem no quadro da esquerda.

Marque as estrelas que são iguais ao modelo.

Ligue os desenhos que mostram a bola na mesma posição.

◼ Observe as duas situações. Depois comente-as com seus colegas.

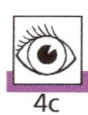

Pinte os quadros de acordo com o modelo.

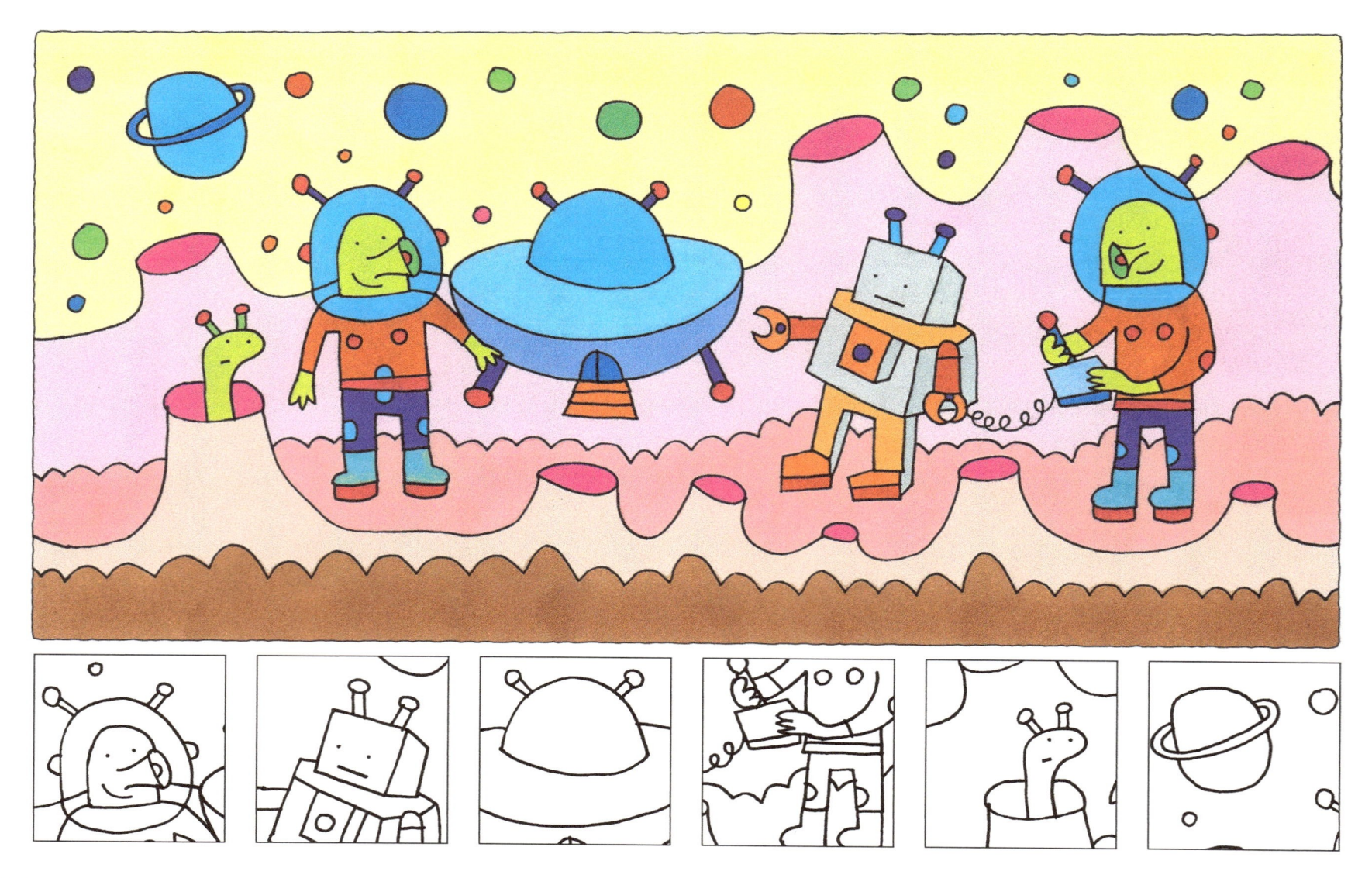

Circule de vermelho o que é salgado, de amarelo o que é doce e de azul o que é azedo.

Recorte os quadros correspondentes da página 93. Cole-os em seus lugares.

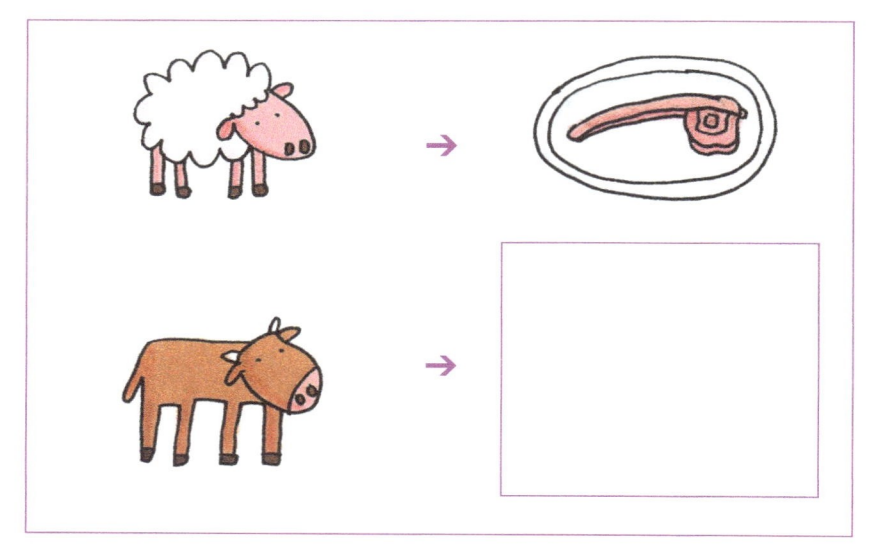

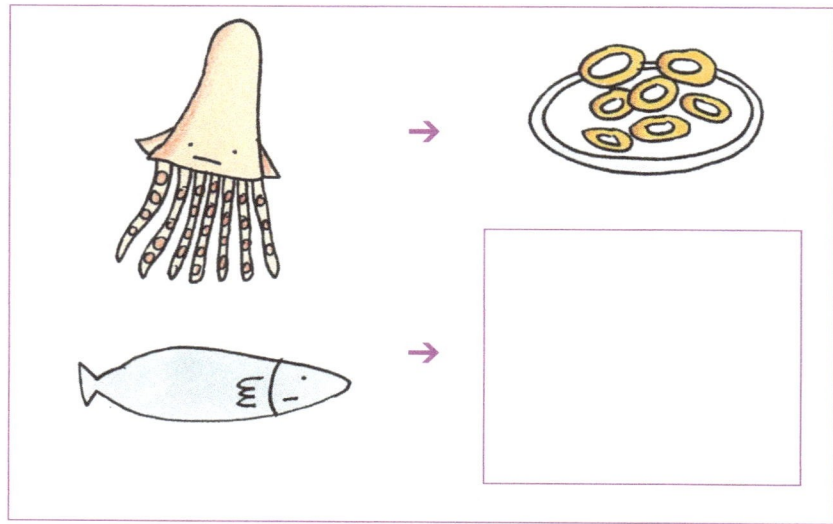

Observe as crianças. Depois converse com seus colegas sobre o que elas estão sentindo.

Em cada fileira, circule o elemento que não deve fazer parte do grupo.

Siga as instruções de cada quadro.

Pinte de uma cor diferente cada parte da figura.

Numere cada parte da figura.

Pinte da mesma cor toda a figura.

Recorte as partes correspondentes da página 95. Monte a figura e cole-a aqui.

Pinte cada conjunto de balões de um jeito diferente.

Pinte a roupa das crianças, continuando a sequência iniciada.

Ligue os elementos ou situações de cada coluna que têm relação entre si.

Pinte todos os animais que aparecem na cena.

Observe as duas cenas. Converse com seus colegas sobre o que ficou diferente na cena 2.

Circule os desenhos que são iguais ao modelo.

Observe o desenho por alguns minutos. Em seguida, dobre a folha para escondê-lo e desenhe-o no quadro da direita.

Observe a história. Depois comente-a com seus colegas.

O APONTADOR FICOU COM MEDO

Pinte cada camaleão da mesma cor do camaleão que está do outro lado do seu caminho.

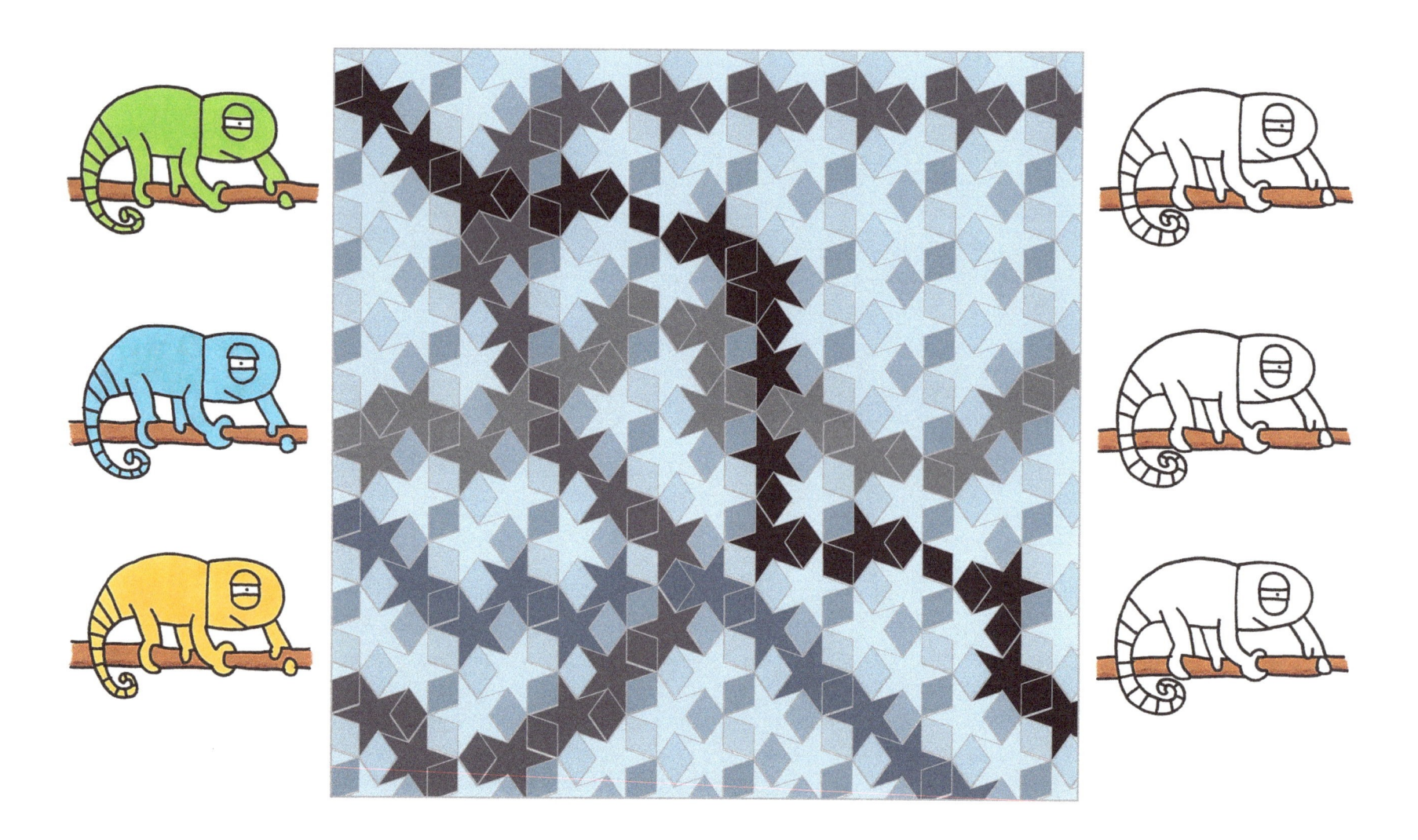

Marque, no quadro da esquerda, o que o menino está levando na mochila.

Pinte os vasos que não têm flor nem larva.

◩ Observe as duas situações. Depois comente-as com seus colegas.

Trace o caminho que a corredora deve percorrer até a chegada. Siga as setas.

◼ Observe a tabela. Nos quadros abaixo, desenhe a figura que está no cruzamento da coluna e da linha indicadas.

Marque as fitas que são iguais ao modelo.

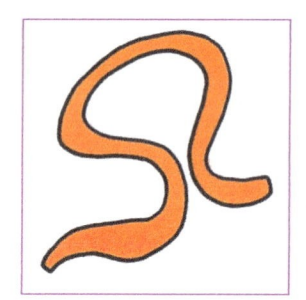

Recorte os quadros correspondentes da página 93. Cole-os em seus lugares.

Pinte os quadros de acordo com o modelo.

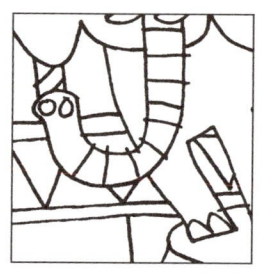

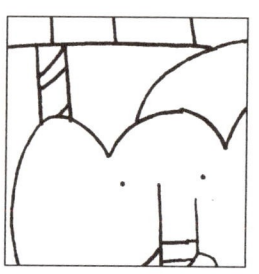

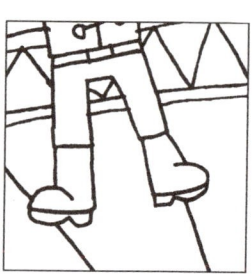

Pinte as velas dos barcos que não são vermelhos e não têm âncora.

Pinte cada tapete de um jeito diferente.

Siga as instruções de cada quadro.

Pinte de uma cor diferente cada parte da figura.

Numere cada parte da figura.

Pinte da mesma cor toda a figura.

Recorte as partes correspondentes da página 95. Monte a figura e cole-a aqui.

Observe as duas cenas. Converse com seus colegas sobre o que ficou diferente na cena 2.

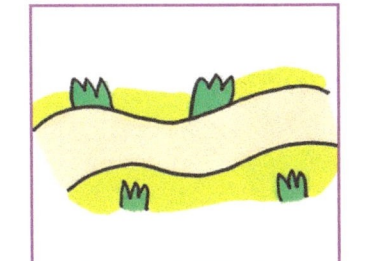

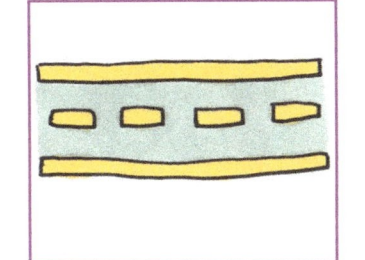

| Página 87 | Página 68 | Página 43 | Página 21 |

| Página 91 | Página 71 | Página 47 | Página 36 |

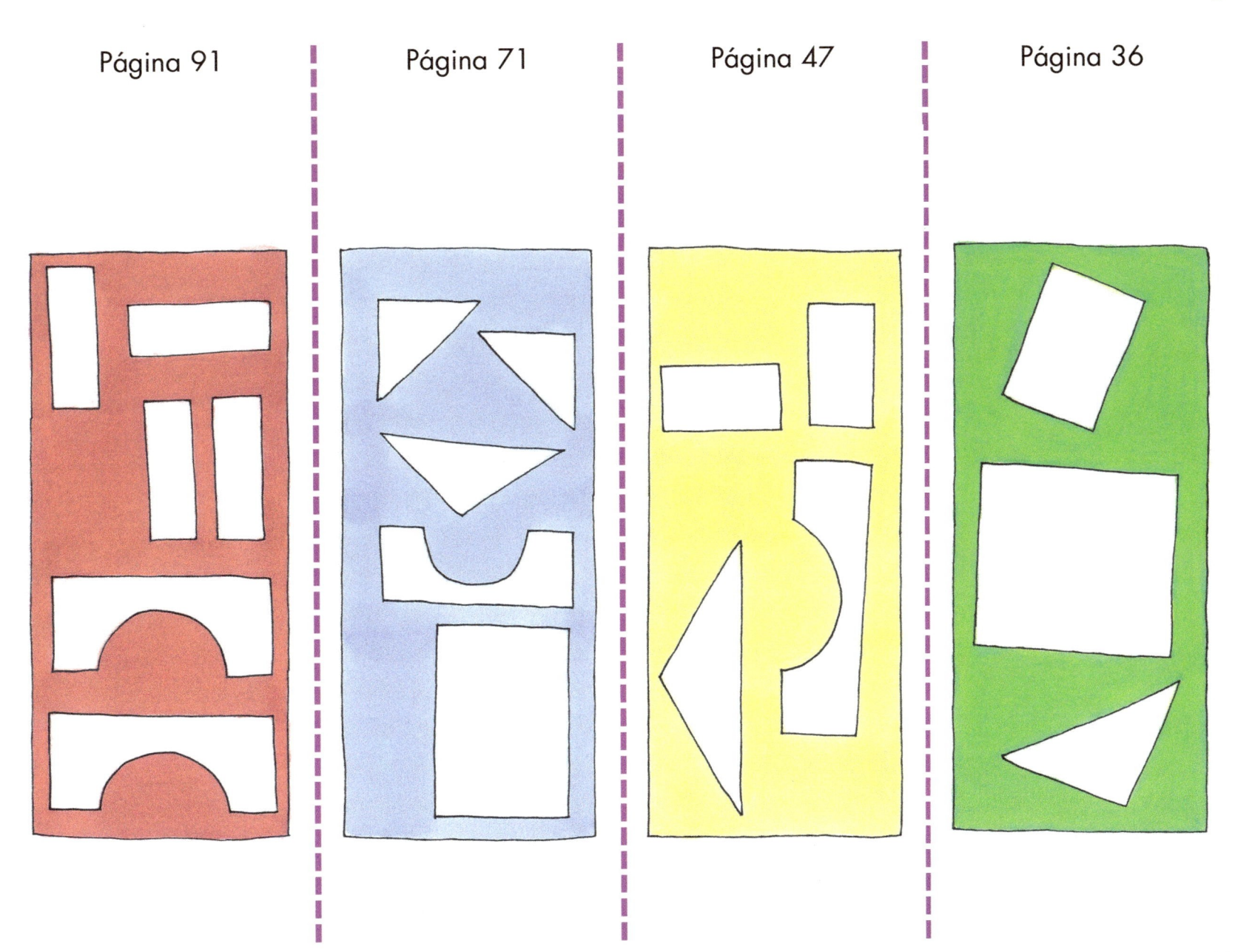